PENNY DREADFULL
MYTHOLOGIE DU FANTASTIQUE

C.M. DUTKIEWICZ

DU MÊME AUTEUR

Stargate, les carnets du Dr Jackson
Charmed, le livre des mythologies
Buffy, le livre des mythologies (Angel inclus)
Supernatural, feuilles de route mythologique
American Gods, guide mythologique
Les parchemins d'Hermione
C'est pas faux, la mythologie dans Camelot (avec un K)
Teen Wolf, Mythologie, Bestiaire et Herbier
True Blood, vraie mythologie
La mythologie dans Horizon Aube Zéro

PENNY DREADFULL
MYTHOLOGIE DU FANTASTIQUE

C.M. DUTKIEWICZ

© Editions C.M. Dutkiewicz 27370 St-Didier-des-Bois, 2019
ISBN 978-2-490951-00-0, 1re publication

Originaire de Normandie, C.M. est passionnée de mythologie et aime étudier son influence sur la société moderne.

Sommaire

Introduction

D'où viennent les vampires ? Qui était Amunet ? Quelle est l'histoire de Dorian Gray ? Quel est le pouvoir de la mandragore ?

Avec plus de 65 entrées classées par ordre alphabétique, ce petit dictionnaire, 100% Fan Made, vous fera découvrir la base mythologique qui a inspiré la série *Penny Dreadful.*

.

Mythologie gréco-romaine

Adonis • Aphrodite • Cupidon • Hécate • Janus • Pandore • Prométhée • Protéus • Thanatos

Adonis

Adonis est à l'origine un dieu asiatique. Son nom provient d'*adon* et signifie Seigneur. C'est un dieu de la végétation et de la nature. Son culte est rattaché à celui d'Aphrodite. Adonis est le fils de Myrrha (ou Smyrna) né de son union incestueuse avec son père. Voici pourquoi. Myrrha, ayant négligée de rendre hommage à Aphrodite fut puni par celle-ci qui lui fit éperdument désirer son père. Aidée de sa nourrice, Myrrha parvient à partager la couche de son père. C'est à ce moment-là que Myrrha tombe enceinte. Son père, découvrant la vérité, tenta de la tuer mais les dieux transformèrent Myrrha en arbre à myrrhe. Un jour, un sanglier chargea l'arbre qui se fendit sur le coup. De la fissure sortit Adonis. Aphrodite le trouva si beau qu'elle le plaça dans un coffre et le confia à Perséphone. Mais Perséphone aima aussi Adonis et refusa de la rendre à Aphrodite. Zeus fut appelé pour trancher. Il partagea l'année en trois. Adonis devait passer un tiers avec Perséphone, le second avec Aphrodite et le troisième à sa convenance. Adonis décida de passer son temps alloué avec Aphrodite. Un jour qu'Adonis chassait dans la forêt, un sanglier (probablement Arès, l'amant jaloux ou Héphaïstos, le mari cocu) le chargea et le tua. De son sang, Aphrodite créa l'anémone rouge. Affligée, Aphrodite supplia Perséphone de lui rendre pour une partie de l'année. Il fut décidé qu'il pourrait passer trois (ou quatre) mois de l'année avec Aphrodite.

- **LANGUE**

Un Adonis est un homme qui est très satisfait de lui-même et qui apporte trop de recherche dans ses attitudes. Ce nom est donné en dérision.

Aphrodite

Déesse de l'amour, de la « luxure » et de la fécondité. Son ascendance est incertaine, elle serait soit la fille de Zeus et de Dioné, soit la fille d'Ouranos qui serait sortie de la mer (naquit dans l'écume) après que Cronos ait tranché et jeté à la mer les organes sexuels d'Ouranos. Aphrodite était mariée à Héphaïstos mais ne lui était pas fidèle. Aphrodite et Arès étaient amants. Un jour, Hélios (le soleil) révéla à Héphaïstos cette histoire et celui-ci fabriqua un filet et tandis un piège aux amants. Lorsqu'ils se retrouvèrent emprisonnés dans le filet, Héphaïstos appela les autres dieux et ils se moquèrent d'eux. C'est Poséidon qui propose une réconciliation entre Aphrodite et Héphaïstos. Aphrodite à de nombreux amants (dieux ou non) et plusieurs enfants :
• Avec Arès (dieu de la guerre) : Deimos (la Terreur), Phobos (la Crainte), Harmonie et Eros (l'Amour, c'est-à-dire Cupidon)
• Avec Dionysos : Priade (divinité phallique)
• Avec Poséidon : Eryx Hermès la séduit mais elle le repousse. Il va alors demander l'aide de Zeus dont l'aigle vole la sandale d'Aphrodite et pour que celle-ci la récupère, elle doit se soumettre à Hermès. De cette union naquit Hermaphrodite (de nature à la fois masculine et féminine). Lors des noces de Thélis et Pelée, Eris (la Discorde) lança une pomme (par vengence pour ne pas avoir été invitée) sur laquelle est écrit : « A la plus belle ». Héra, Athéna et Aphrodite se disputent le titre. Zeus charge Pâris de les départager. Chacune promet un présent au jeune homme qui choisit celui d'Aphrodite : l'amour de la plus belle des femmes. Ce qui est à l'origine de la guerre de Troie. Aphrodite aida d'autres mortels mais punissait aussi dieux et mortels (la femme de Minos qui s'accouple avec un taureau et donne naissance au minotaure par exemple).
Aphrodite est associée à Vénus chez les Romains.

Cupidon

Cupidon est le dieu de l'Amour. Il est le fils d'Aphrodite (déesse de l'amour et de la luxure). Il blesse d'amour, grâce aux flèches qu'il décoche, les dieux et hommes sans distinction. Les flèches à pointe d'or provoquent des amours partagés tandis que les flèches à pointe de plomb provoquent des amours déçus. Il est celui qui décroche une flèche à Médée qui tombe amoureuse de Jason et qui trahie les siens pour venir en aide à Jason.
Cupidon est Éros chez les Grecques.

Hécate

- **Mythologie Gréco-romaine**

Hécate est une ancienne déesse, Titanide ou bien fille de Zeus, elle lui reste fidèle lors de la rébellion des Titans contre Zeus. Pour la récompenser, Zeus lui donne pouvoir sur le ciel, la terre et les eaux. Elle est la déesse de la magie et de la sorcellerie. Elle protège les sorcières et les aide à fabriquer leurs filtres. Elle est représentée avec trois têtes (une de jument, une de femme et une de chien) qui peuvent correspondre aux phases de la lune et fait dans ce cas partie de la triade : Hécate, Artémis, Perséphone. Elle rode dans les cimetières avec ces compagnes (les Érinyes) pour appeler les fantômes afin de terrifier les vivants. Elle est vénérée aux carrefours et plus particulièrement ceux où sa statue est déposée (à l'embranchement de trois routes). Les athéniens en ont fait une déesse lunaire bienfaitrice favorisant la fertilité et les accouchements et prodiguant richesse, honneur et gloire.
Son nom latin est Trivia.

- **Démonologie**

Hécate est la diablesse qui préside aux rues et carrefours. Elle est chargée, aux enfers, de la police sur la « voie publique ». Elle est représentée avec trois visages : un de cheval (à droite), un de femme (au milieu) et un de chien (à gauche). Sa présence sur terre la fait trembler, les feux éclatent et les chiens hurlent.

Janus

Dieu (romain) des commencements, des portes et des fenêtres. Il est représenté avec deux visages, chacun regardant d'un côté (passé/futur ; hiver/été…). Il est le garant du cours de l'année, tout ce qui commence le concerne (premier mois de l'année, premier jour du mois, le début de chaque heure et du début de la vie). Son temple se trouvait sur le forum de Rome, que les soldats empruntaient avant de partir en guerre, c'est pourquoi les portes du temple étaient toujours ouvertes en temps de guerre et toujours fermées en temps de paix.

Pandore

Pandore est la première femme créée par Zeus pour se venger de Prométhée. Elle fut façonnée par Héphaïstos à partir d'argile, Athéna lui donna la vie, Aphrodite lui donna la beauté et Hermès lui apprit le mensonge et la fourberie. Pandore fut offerte en mariage à Épiméthée (le frère de Prométhée) qui l'accepta (contre l'avis de son frère). Le jour de leur mariage, les dieux offrirent une cassette qui ne devait jamais être ouverte. Mais curieuse, Pandore l'ouvrit et tous les maux se rependirent sur terre. Elle eut juste le temps de la refermer pour garder l'espérance au fond. Pandore donna une fille à Épiméthée : Pyrrha qui épousa Deucalion et ils survécurent ensemble au déluge.

- **EXPRESSION**

« Boite de Pandore » : ce qui sous l'apparence de charme et de beauté peut causer beaucoup de souffrance.

Prométhée

Titan, fils de Japet et de Thémis, son nom signifie « Prévoyant ». Sachant que Zeus allait mener et gagner la guerre contre les titans, il leur conseilla d'utiliser la ruse mais ceux-ci le méprisèrent. Prométhée rejoignit alors le côté de Zeus. Prométhée créa les hommes avec de l'argile auxquels Athéna insufflait le souffle de vie. Chaque figurine ainsi créée était présentée à Zeus. Un jour, Prométhée omit d'en présenter une qui était particulièrement réussie et belle : un adolescent du nom de Phaenon (« Éclatant »). De colère, Zeus envoya le garçon au ciel et le transforma en planète : Jupiter. Voyant que les hommes étaient méchants, Zeus voulu les détruire et créer une meilleure race ; il commença alors à les priver de feu. Puis il voulut les faire mourir de faim en leur demandant de lui offrir en sacrifice la meilleure viande. Prométhée aida les hommes : il prit un gros bœuf, enleva la peau dans laquelle il enveloppa les meilleurs morceaux et recouvrit les os et les entrailles de graisse, ce qui était appétissant. Lors de la rencontre entre les dieux et les hommes, Zeus choisit de prendre la moitié qui était couverte de graisse. Lorsqu'il découvrit la supercherie, Zeus fut très en colère. Comme Zeus avait privé les hommes de feu, Prométhée vola le feu (soit dans l'Olympe, soit dans la forge d'Héphaïstos) et le ramena aux hommes sur une branche de fenouil. Une nuit, Zeus vit que la Terre était recouverte de brasier et il devina que Prométhée avait aidé les hommes ; il envoya Héphaïstos capturer Prométhée et l'enchaîna à la montagne. Son aigle venait chaque jour dévorer le foie de Prométhée qui se reconstituait chaque nuit. Prométhée demanda à Zeus d'être libéré en échange d'une information importante pour Zeus : l'enfant qu'aurait Thétis serait plus puissant que son père. Zeus donna Thétis en mariage à un mortel (Pelée) dont naquit Achille. Héraclès (autre nom d'Hercule), tua l'aigle et brisa les chaines de Prométhée. En récompense, Prométhée dit à Héraclès comment finir ses travaux en envoyant Atlas chercher les pommes des Hespérides pendant que lui-même prendrait sa place en soutenant la voûte céleste. Une autre légende raconte que Zeus créa la première femme (Prométhée n'ayant créé que les hommes) : Pandore, qu'il fit très belle mais qu'il affubla de nombreux défauts. Pandore fut offerte à Épiméthée (le frère de Prométhée) qui l'accepta en mariage malgré l'avertissement de Prométhée. Prométhée enseigna aux hommes de nombreuses techniques artisanales, dont la métallurgie mais leur retira leur connaissance du futur.

Protéus / Protée

Protée est l'un des Vieillards de la mer. Divinité marine, son culte est antérieur à celui de Poséidon. Par la suite, il devient le gardien des troupeaux des animaux marins de Poséidon.
Possédant le don de prophétie, il se refuse à révéler ce qu'il sait et se transforme pour échapper aux questionneurs. Il peut notamment se métamorphoser en animaux de la mer (en phoque principalement), en eau ou en feu.
On lui attribut différentes demeures, telles que les îles de Carpathos ou Pharos.
Pour Euripide, Protée est un roi d'Égypte chez qui Hélène fut cacher pendant la guerre de Troie (Pâris avait ramené un «fantôme» d'Hélène au lieu de la vraie).

Thanatos

Frère jumeau d'Hypnos (le Sommeil), il est le fils de Nyx (la Nuit). Thanatos est la personnification de la mort. Il coupait une boucle des cheveux du mort qu'il dédiait à Hadès puis emportait le corps du défunt. Il est souvent représenté avec une torche renversée dans la main et une couronne dans l'autre. On peut parfois le voir pourvut d'ailes et brandissant une épée.

Grecque	→	Romain
Artémis	→	Diane
Aphrodite	→	Vénus
Apollon	→	Phébus
Arès	→	Mars
Athéna	→	Minerve
Cronos	→	Saturne
Déméter	→	Cérès
Dionysos	→	Bacchus
Éros	→	Cupidon
Hécate	→	Trivia
Hadès	→	Pluton
Hébé	→	Juventas
Héphaïstos	→	Vulcain
Héra	→	Junon
Héraclès	→	Hercule
Hermès	→	Mercure
Hestia	→	Vesta
Moires	→	Parques
Nox	→	Nyx
Ouranos	→	Uranus
Pan	→	Faunus
Perséphone	→	Persépine
Poséidon	→	Neptune
Satyre	→	Faune
Zeus	→	Jupiter

Mythologie judéo-chrétienne

Adam • Ange • Apocalypse • Arche
de Noé • Diable / Satan • Jésus-Christ
• Golgotha • Lillith • Lucifer • Noé
• Paradis • Résurrection • St Graal •
Tour de Babel

Adam

Adam est le premier homme créé par Dieu à partir de l'argile. Il vit dans le jardin d'Éden. Dieu créa une femme pour Adam à partir d'argile, elle se nomme Lillith. Mais Lillith n'est pas obéissante et refuse de se soumettre à la loi de Dieu qu'Adam suit. Pour la punir, Dieu la chasse d'Éden et la rend stérile. Dieu créa une seconde femme à Adam à partir d'une côte de celui-ci pour qu'elle lui reste toujours attachée ; il s'agit d'Ève. Mais Ève est curieuse et se laisse convaincre par le serpent pernicieux de goûter au fruit de l'arbre de la connaissance. À cause de cela, Adam et Ève sont chassés du jardin d'Éden et sont condamnés à vivre sur Terre où chaque femme portera en elle le péché originel.

Ange

Ange, du latin (*angelus*) et du grec (*angelos*) signifie messager. Les anges sont les intermédiaires, munis d'ailes, entre Dieu et les hommes. L'ange est un être spirituel, souvent guide et garde mais aussi chargé d'appliqué la justice divine (ange exterminateur par exemple). Les anges incarnent la pureté, la beauté et la sérénité. Ils peuvent être représentés vêtus d'une armure ou d'une longue robe blanche.

Apocalypse

L'apocalypse est la fin du monde représentée par le retour du Christ victorieux rétablissant la justice sur le monde, récompensant les justes et les fidèles et châtiant les méchants et les injustes. Les anges joueront de la trompette, ce qui provoquera l'ouverture des sept sceaux du livre de l'Apocalypse dont sortiront les Cavaliers (quatre premiers sceaux) et les bêtes monstrueuses. A l'ouverture du septième sceau, le Christ sera de retour.

Arche de Noé

L'Arche fut construite par Noé à la demande de Dieu pour échapper au déluge. Noé devait la construire suffisamment grande pour pouvoir accueillir un couple de chaque espèce animale vivant sur Terre, en plus de Noé et sa famille. Dieu provoqua le déluge sur la Terre des hommes pour anéantir toute vie sur celle-ci. Le déluge dura plus de sept mois et lorsque l'eau eut fini de tomber, l'Arche se posa sur le mont Ararat.

Diable / Satan / Lucifer

Il s'agit de la même entité dans la littérature ainsi que les représentations visuelles. Il existe cependant une différence dans la mythologie chrétienne. Lucifer, le « Porteur de lumière », est un archange qui fut déchu suite à sa rébellion contre Dieu lorsque celui-ci décida de créer les hommes. Le Diable est le prince du mal est plus une entité métaphorique qu'un être. Mais le « vrai » diable est Satan. Satan est l'adversaire de l'œuvre de Dieu. Il est celui qui tente Ève au Paradis sous la forme d'un serpent. Il est aussi celui qui tente Jésus-Christ dans les Évangiles. Ce n'est qu'au Moyen-Âge que Lucifer et Satan deviennent un seul et même être. Le nom Belzébuth est parfois associé à ceux du diable et Satan. En démonologie, Belzébuth est le chef de l'Empire infernal, commandant de tous les démons, ce qui peut effectivement faire de lui Satan. Belzébuth le Seigneur des Mouches, est à l'origine un dieu Cananéen. Il était vénéré pour son pouvoir sur les mouches et le fait qu'il les chassait des moissons et de son temple. Satan est représenté avec des ailles (ange déchu), possédant une ceinture de feu et un trident.

Golgotha

Golgotha est un nom dérivé de l'araméen *gulgolta*, et signifie lieu du crâne.
C'est sur cette colline, près de Jérusalem, où, selon les Évangiles, Jésus fut crucifié.
Constantin y fit édifier l'église du Saint-Sépulcre.

Jésus-Christ

Il est le fils de Dieu, née de la Vierge Marie par l'immaculée conception. Il est née vers l'an 748 de Rome à Bethléem et mort en l'an 28 (ou 29) à l'âge de trente-trois ans à Jérusalem. Sa vie est connue grâce aux Évangiles, qui racontent les conditions de sa naissance, la préparation de son ministère ainsi que son martyr et sa résurrection trois jours après sa mort. Après avoir été baptisé par Jean-Baptiste, Jésus débute sa mission en enseignant à ses douze disciples (apôtres) ses préceptes pour qu'ils puissent les dispenser à travers le monde. Il est l'auteur de nombreux miracles et guérisons, faisant de lui un héros pour les faibles et l'homme à abattre pour les dirigeants ; ce qui est l'origine de son martyr.
Pour les musulmans, Jésus est un prophète, au même titre que Mahomet, dont la seule vraie parole de Dieu (Allah) est le Coran.

Lillith

Lillith est la première femme d'Adam, créée en même temps que lui à partir d'argile par Dieu. Lillith n'était pas considérée comme une bonne compagne pour Adam car elle ne lui était pas attachée et bien trop curieuse. Elle fut chassée du jardin d'Éden par Dieu et rendue stérile.

■   ■ **Démonologie**

Lillith est la reine des démons succubes. Elle cherche à faire périr les nouveau-nés (car ne peut en avoir elle-même).

Noé

Noé est le héros des temps anciens, célèbre pour son arche que lui demanda de construire Dieu. Afin de punir l'humanité de ses mœurs, Dieu provoqua le Déluge. Dieu avait, auparavant, demandé à Noé de construire une arche suffisamment grande pour contenir un couple de chaque espère animale. Lorsque le Déluge commença, Noé embarqua sur l'arche avec sa femme et ses fils. Il navigua jusqu'à ce que les eaux se retirent.

Par la suite, il planta la vigne et bût le fruit de sa récolte.

Paradis

Paradis vient du grec *paradeisos* et signifie jardin, verger. Il désigne le séjour des bienheureux après la mort. La notion de paradis est commune à la plupart des religions et mythologies des hommes, c'est un lieu des délices où séjournent les hommes (justes) après leur mort.

Résurrection

Du latin *resurrection*, il s'agit de l'acte de se relever, se ranimer. Il s'agit de l'un des plus grands mystères chrétien et est employé pour désigner le retour à la vie du Christ, trois jours après sa mort. Cette fête pleine de joie est célébrée pendant les fêtes de Pâques.

Ézékiel et le Christ sont les seuls à avoir eu la capacité de ressusciter les morts.

Dans l'Apocalypse de Jean, il est dit que les saints ressusciteront et posséderont un corps immortel et lumineux.

St Graal

Le Saint Graal est la coupe ayant recueilli le sang du Christ lorsqu'il était sur la croix. Cette coupe serait celle dans laquelle il but lors de son dernier repas (la Cène). La légende veut que Joseph d'Arimathie[1] l'ait apporté en Angleterre et qu'il cacha la coupe sur une colline qui deviendra par la suite Glastonbury. Il s'agit d'une relique sacré et très importante pour l'Église catholique. Lors de la christianisation de la Grande-Bretagne, le Saint Graal fut assimilé au Graal des celtes et sa quête devient l'aventure principale d'Arthur et des Chevaliers de la Table Ronde.

---

1   *Joseph d'Arimathie est un contemporain et disciple de Jésus-Christ. Il est celui qui offrit son propre tombeau pour le Christ ait une dernière demeure.*

Tour de Babel

Babel est l'ancien nom de Babylone. Après le déluge, les hommes arrivèrent sur une plaine et décidèrent d'y construire une ville. A cette époque, tout le monde parle la même langue. Cent quinze ans après le déluge, le roi Nemrod est au pouvoir. Sous son règne, il est décidé de construire une tour qui irait jusqu'au ciel afin de se faire un nom et de pouvoir tous vivre ensemble. Voyant que la construction avançait très bien et mécontent, Dieu donne plusieurs langues et aux hommes et les disperse sur toute la surface de la terre. La ville inachevée porte le nom de Babel, qui signifie brouillé en hébreux.

Principes apparaissant dans plusieurs mythologies

Démon • Enfer • Fée • Fin des temps • Sirène • Sorcière • Vampire

Démon

Du grec *daimôn*, qui signifie « génie, divinité ». Puissance terrestre ou céleste, il s'agit d'une entité que l'on rencontre dans toutes les mythologies antiques ainsi que dans les religions contemporaines. Par sa force naturelle, le démon est souvent considéré comme dangereux mais il est positif lorsqu'on le maîtrise, le dompte ou l'apprivoise, tel que le Géant vert des traditions celtiques.

Dans l'animisme, le démon est souvent l'esprit ou l'énergie d'un fleuve, d'un arbre, d'un volcan ou d'un phénomène incompréhensible ou non maîtrisable.

Pour la Bible, et notamment le Nouveau Testament, les démons sont les agents du mal, maladies et souffrances. C'est pourquoi chasser les démons correspond à guérir et apaiser le malheur des hommes. Seule la prière et le pouvoir du Seigneur peuvent triompher de ces entités négatives au service de Satan.

Enfer

- **Mythologies monothéiste**

Il s'agit du lieu où l'âme des défunts impurs et infidèles subissent les tourments comme châtiment de leurs mauvaises actions sur Terre.

Pour la religion chrétienne, seules les âmes damnés finissent en enfer, les saints finissent directement au paradis et les pêcheurs doivent accomplir leur peine au purgatoire avant de pouvoir accéder au paradis.

L'Enfer est le domaine de **Satan**, la symbolique du feu y est presque toujours rattachée.

- **MYTHOLOGIE GRECQUE**

Il s'agit du royaume des morts et Hadès en est le gardien. Tous les morts y finissent. Charon guide les morts sur le Styx pour accéder aux Enfers qui est gardé par Cerbère (qui empêche les morts de sortir). Trois juges (Minos, Éaque et Rhadamanthe) définissent dans quel lieu le défunt terminera son séjour. Les enfers comportent plusieurs lieux.

Les défunts vont dans celui qui correspond à la vie qu'ils ont menée sur Terre :

-       Le Tartare (où finissent les mauvais qui y subissent leur châtiment éternel) ;

-       Les champs d'asphodèles (où finissent la plupart des morts qui réalisent de façon mécanique les tâches qu'ils effectuaient de leur vivant) ;

-       Les Champs Élysée (lieu de délice où finissent les âmes méritantes).

- **MYTHOLOGIE SCANDINAVE**

Il n'y a pas d'enfer à proprement parlé en mythologie scandinave. Les âmes des morts finissent dans différents lieux en fonction de leur vie. Les hommes morts de vieillesse ou de maladie finissent dans le royaume de Hel[2] ; les combattants tombés au combat finissent, pour moitié, dans la Valhalla d'**Odin**, l'autre moitié va dans la demeure de Freyia

- **MYTHOLOGIE CELTIQUE**

Il n'y a pas d'enfer en mythologie celtique. Les héros partent pour l'Autre monde où règne la paix et l'abondance (à l'instar d'Arthur) tandis que le reste des mortels est emmené par l'Ankou[3] (personnage de la mort, squelette portant sa faux et remplissant sa charrette grinçante des âmes des trépassés) sur le Grand Océan vers l'ouest du soleil couchant.

- **MYTHOLOGIE ÉGYPTIENNE**

Il n'y a pas de châtiments d'outre-tombe mais les justes bénéficient d'une vie éternelle semblable à celle qu'ils ont vécue sur terre tandis que les méchants sont voués au néant.

---

2   *Le nom de Hel a donné Hell, à savoir enfer en anglais.*

3   *La **faucheuse** (ou camarde) est une descendante directe de l'Ankou.*

- **Mythologie mésopotamienne**

On y trouve dans les profondeurs de la terre un Kigallou, environné d'une septuple enceinte. Les morts sont plongés dans une obscurité épaisse et n'ont pour nourriture que les offrandes des vivants déposées dans les tombeaux.

Le défunt devient une sorte d'esprit ou de fantôme. L'esprit-fantôme, surtout après une mort violente, prend quelque fois un aspect malveillant et tourmente les vivants.

Seuls les nouveau-nés et ceux qui sont morts avant leur temps jouissent d'une existante agréable dans l'au-delà. Les morts sans sépulture ont une existante post-mortem des plus accablantes.

Fée

- **Mythologie gréco-romaine**

L'origine du mot fée vient du latin fata / fatum, le Destin, la Fatalité. A l'origine, les fées sont les trois Moires (Parques pour les Romains) qui veillaient au déroulement de la vie des hommes : Clotho file, Lachésis dispense et Atropos tranche le fil de la vie.

- **Mythologie française**

La fée est une créature féminine dotée de pouvoir surnaturelle. Ce sont les anciennes divinités de la nature. Elles peuvent être des messagères divines. Les fées ont plusieurs appellations en fonction de leurs origines géographiques : Fada (Provence), Fade (Gascogne), Fadet, Farfadet et Fée (la plus part des régions françaises). Les fées sont tantôt bonnes, tantôt mauvaises, comme les génies.

- **Mythologie celtique et arthurienne**

Les fées irlandaises sont les Banshees et ont aussi le rôle de messagère. Les fées vivent dans des sids, pouvant prendre la forme d'un tertre, d'une colline ou d'un mégalithe. Elles font office d'agent de liaison dans la plus part des mythes où elles apparaissent ; ce sont les damoiselles dans la mythologie arthurienne.

- **Créature fantastique**

Cf. page 57

Fin des Temps

La thématique de fin du monde, de fin des temps, se retrouve dans de nombreuses mythologies.

- **Mythologie germano-scandinave : Ragnarok**

Ragnarok, ou le Crépuscule des puissants est la fin du monde tel qu'on le connait. Il s'agit d'une prophétie que le Très-Haut, Odin, révèle.

Les évènements qui vont détruire le monde sont annoncés par le Grand Hiver (un hiver qui dure quatre années). Des guerres et des tempêtes éclatent sur toute la terre, les frères s'entre-tuent et les loups (les revenants) envahissent la terre. Les étoiles disparaissent, un loup avale le soleil et un autre la lune. De terribles tremblements de terre déracinent les arbres et permettent au loup Fenrir de rompre ses chaines. Le serpent de Midgard rejoint Fenrir sur la terre et plus rien n'empêche les eaux des océans de recouvrir la terre. Le serpent répond son venin sur la terre tandis que Fenrir la racle avec sa gueule.

Les Ases sont avertis par Heimdall et ceux-ci tiennent un dernier conseil avant de se lancer dans la bataille. Odin libère ses guerriers et les mène au combat vêtu de son heaume d'or et de sa lance.

Odin attaque Fenrir, Thor combat le serpent, Freyr se bat contre Surt et Heimdall et Loki se battent.

Lorsque le monde est détruit, que les Ases, les hommes et les guerriers sont anéantis, de nombreuses demeures sont encore debout. Une nouvelle terre verte et belle émergera de la mer et sera verte, belle et féconde et produira des fruits sans avoir été cultivée. C'est sur cette terre que vivront les rescapés : six dieux (Vail, Modi, Magni, Baldr, Hodr et Vidar) et deux humains (Lif et Leif-thrasir). Ils y retrouveront les tablettes d'or des Ases (leur connaissance) et débuteront un nouveau cycle de vie.

- **Mythologie judéo-chrétienne : l'Apocalypse**

L'apocalypse est la fin du monde représentée par le retour du Christ victorieux rétablissant la justice sur le monde, récompensant les justes et les fidèles et châtiant les méchants et les injustes.

Les anges joueront de la trompette, ce qui provoquera l'ouverture des sept sceaux du livre de l'Apocalypse dont sortiront les Cavaliers (quatre premiers sceaux) et les bêtes monstrueuses. A l'ouverture du septième sceau, le Christ sera de retour.

- **Mythologie hindoue : Kalki**

Kalki est le dixième d'avatar de Vishnu, celui qui n'est pas encore descendu sur Terre.

Lorsqu'Vishnu descendra sur Terre sous la forme de Kalki, il détruira le monde et une nouvelle humanité apparaîtra.

Kalki signifie Accomplissement.

Sirène

- **Mythologie**

Les sirènes sont présentent dans de nombreuses mythologies. Leur apparence admise populairement est issue de la mythologie grecque, et plus particulièrement de l'Odyssée (voyage mythique d'Ulysse) : mi-femme, mi-poisson, pourvue d'une longue chevelure. Les attirent les marins grâce à leur chant afin de provoquer des naufrages et les noyer.

La sirène est aussi présente dans la mythologie celte où elle séduit les pêcheurs et les entraine au fond de la mer.

La sirène représente toujours la séduction et la fatalité de la mer.

- **Langue**

Le chant des sirènes : une offre séduisante mais dangereuse.

- **Créature fantastique**

Cf. page 60

Sorcière & Chaman

On retrouve des êtres pratiquant la magie dans l'ensemble des mythologies et religions. En revanche, la société en fait des êtres bénéfiques ou maléfiques (en fonction de la mythologie considérée). Dans tous les cas, les êtres pratiquant la magie sont toujours respectés et/ou craints.

- ### Mythologie celtique

Les druides appartiennent à une classe sociale élevée comportant les bardes, poètes et devins. Ils avaient les connaissances des plantes et de leurs utilisations. En Gaule, ils font office d'éducateurs et pratiquent de nombreux rites (celui de la cueillette du gui est le seul qui nous est connu). En Irlande, les druides sont tous magiciens. Ils évoquent le passé et prédisent l'avenir. Ils ont un rôle de guérisseur.

- ### Mythologie égyptienne

Isis est la première des magiciennes. Elle est vénérée dans toute l'Égypte et son culte est l'un des derniers à disparaitre. Les prêtres de plusieurs cultes peuvent être considérés comme des sorciers.

- ### Mythologie germano-scandinave

Les sorcières sont des femmes malignes qui tourmentent l'homme en détruisant son travail et qui métamorphosent le bétail. Elles voyagent à dos de bouc et il n'est pas rare de les voir traverser le ciel.

- ### Mythologie gréco-romaine

Hécate est la déesse de la magie et de la sorcellerie. Elle est la protectrice des sorcières et les aide à préparer leurs potions. Circé est une magicienne qui transforma les compagnons d'Ulysse en cochon lorsque ceux-ci atteignirent son île. Ulysse ne subit pas son pouvoir car il possédait une herbe, qu'Hermès lui avait donné, qui le protégeait des pouvoirs de Circé.

- ### Mythologie judéo-chrétienne

Les sorciers sont des êtres pratiquants la magie ainsi que les prêtres des anciennes religions. La magie est toujours noire (jamais blanche) car il s'agit d'une manipulation du monde tel que

Dieu l'a créé. Les êtres pratiquant la magie sont presque toujours des femmes (car la femme porte en elle le péché originel et est donc plus encline à la tentation que l'homme). Les sorciers et sorcières ont de tout temps été condamnés et persécutés. Les périodes les plus noires ont laissé des traces dans l'Histoire (l'Inquisition du XVème au XVIIIème siècle ; le procès des sorcières de Salem en 1692…). Il ne faut pas confondre les sorciers avec les (rois)-mages qui étaient des prêtres astrologues ayant été avertis de la naissance du Christ par une étoile et l'ayant suivi pour honorer sa naissance.

- **CHAMAN**

Les chamans peuvent être assimilés aux sorciers bien que leurs origines diffèrent. Ils sont présents dans de nombreuses régions du monde (principalement en Amérique, Australie, Afrique).
En Occident, les druides et certains prêtres avaient le même rôle.
Les chamans ont un rôle à la fois de guide et d'intermédiaire.
Ce sont des médecins (identification des maladies) et guérisseurs (guérir les maladies), des devins (prédire l'avenir) et des sorciers (retrouver des personnes et objets perdus, démasquer les coupables…). Ils ont aussi un rang social important (ils nomment les enfants…).

- **CRÉATURE FANTASTIQUE**

Cf. page 61

VAMPIRE

- **MYTHOLOGIE AZTÈQUE ET MAYA**

Le dieu Tezcatlipoca, dieu de la Guerre et de la Nuit, était le protecteur des vampires et des **loups-garous**.

- **MYTHOLOGIE GRECQUE**

On trouve (la) Lamia chez les Grecs. Lamia fut aimée par Zeus qui lui donna un enfant. Héra, par jalousie, fit en sorte que Lamia dévore son propre enfant. Elle devint folle par la suite et se

« transforma » en monstre vivant dans une caverne et ravissant des enfants pour se repaître de leur sang.

Lamia faisait office de croque-mitaine à l'Antiquité.

- **Mythologie hindoue**

Les Vétalas sont des vampires qui animent les cadavres. Ils pratiquent la magie noire.

- **Mythologie judéo-chrétienne**

Il s'agit de la forme la plus populaire des vampires. Ceux-ci sont des vivants qui ont été mordus puis transformer à leur tour en vampire. Traditionnellement, il faut que le futur vampire boive du sang de vampire pour en devenir un lui-même. Mais dans certaines traditions, celui qui est mordu par un vampire devient à son tour un vampire.

Les vampires sont des non-morts, ils n'ont pas de pouls ni de reflet dans un miroir. Ils craignent la croix, l'eau bénite, l'ail et l'argent (métal). Pour les tuer, il faut leur enfoncer un pieu en bois dans le cœur ou bien leur trancher la tête. Le feu et la lumière du soleil leur sont fatals.

Les vampires sont soit les descendants de **Lillith** (première femme d'**Adam**, créé en même temps que lui avec de l'argile ; stériles et ravisseuse de nourrissons) ou les fils de **Judas** (celui qui trahi le Christ pour trente pièces d'argent, en lui donnant un baisé et qui se pendra).

- **Mythologie romaine**

Les Lémures sont les esprits des morts.

On pratiquait des cérémonies, début mai, appelé Lémuria, pour se débarrasser de ses esprits en leur faisant offrande de fèves noires.

- **Créature fantastique**

Cf. page 61

Autres mythologies, Plantes & Symboles

Celtique
Macha • Tristan & Yseult

Égyptienne
Amoun-Râ • Amunet • Imhotep • Livre des Morts • Râ

Plantes
Belladone • Lys • Mandragre

Animaux
Loup • Scorpion • Serpent

Symbole
Pentagramme • Totem

Autre
Kali • Vaudou

CELTIQUE

Macha

Macha est une déesse irlandaise de la guerre. Avec Badb et Morrigan, elles forment les Morrigna, les ténébreuses déesses guerrières. Son association avec les chevaux la rapproche de la déesse Epona. En effet, le cheval de Cuchulainn s'appelait Liath Macha. Elle fut une déesse souveraine.

Tristan & Yseult

Tristan et Yseult nous raconte une histoire d'amour impossible avant que Shakespeare ne les transpose en l'Italie.
Lorsqu'une colombe dépose une cheveu d'Yseult sur le rebord de fenêtre du roi Marc, celui-ci décide qu'il n'épousera que la propriétaire de celui-ci. Marc envoie son neveu, Tristan, chercher Yseult.
Lorsque les deux jeunes gens se rencontrent, c'est le coup de foudre. Mais Tristan est un homme d'honneur et ne cherche pas à conquérir Yseult pour lui mais pour son oncle. De plus, Yseult apprend que c'est Tristan qui tua son perfide oncle (ou père).
Lors du voyage du retour, Tristan et Yseult, à cause d'une potion, consomme leur amour. Arrivé à bon port, Yseult épouse Marc et Tristan épouse Yseult aux mains blanches mais ne consomme pas son mariage.
Jalouse de la vraie Yseult, Yseult aux mains blanches provoquera la mort de Tristan en lui faisant croire qu'Yseult n'est pas revenu vivante du voyage qu'elle avait entrepris. Arrivée à terre, Yseult meurt de voir son amant mort.

ÉGYPTIENNE

Amoun / Amoun-Ra

Il s'agit du dieu qui fut le plus longtemps vénéré en Egypte. A l'origine, petit dieu (du vent et des bateliers) de Thèbes, il prend peu à peu de l'importante, jusqu'à supplanté Montou en tant que dieu protecteur de Thèbes. Il devient par la suite patron de la monarchie où son culte se développe autour du temple de Karnak.

Amonèth constitue le double féminin d'Amon. Khonsou (forme divine locale) leur est associé en tant que fils.

L'oie et le bélier sont les animaux représentant Amon. On lui ajouta un caractère solaire sous la forme d'Amon-Ra.

Sous la forme d'Amenemopê, il se rend chaque année au temple de Louqsor pour s'unir à la déesse Ipèt durant la saison de l'inondation.

Les serpents primordiaux Irto et Kematf sont ses premières créations au moment où il fit surgir l'univers du néant.

Amunet / Amonèth

Forme féminine associée au dieu Amon, figurée sous l'aspect d'une femme portant la couronne rouge (présentée comme la mère du roi défunt dans les textes funéraires). Associée à Ipêt, elle habitait le temple de Louqsor.

Imhotep

- **Mythologie**

Architecte et médecin du roi Djésea, il fut à l'origine du complexe funéraire de son souverain, premier monument entièrement en pierre construit en Egypte. Il est traditionnellement l'inventeur de la science médicale, il est divinisé à l'époque tardive et est considéré comme le fils de Ptah. Il devient un dieu à part entière et pas seulement l'objet d'une simple déification. Il est représenté sous l'aspect d'un scribe, un rouleau de papyrus déroulé sur les genoux. Il est coiffé de la calotte du dieu Ptah.

- **Mythologie de Ptah :**

Dieu créateur, seigneur de la ville de Memphis. Assossié à Sekhmèt (déesse lionne, sa femme), et Nefertoum (leur fils), il est considéré comme le patron des artisans. En tant que dieu créateur, il engendre le monde en le concevant dans son cœur avant de le réaliser par le verbe. Il peut parfois être associé à Shou dans ses fonctions d'exausseur du ciel.

Livre des Morts

Le livre des morts est un recueilles de formules permettant au défunt d franchir les obstacles qu'il pouvait rencontrer dans l'au-delà. On plaçait ce livre dans le sarcophage du mort afin qu'il puisse prouver qu'il était un initié et non une créature malfaisante à éliminer.

Le livre contient les formules magiques conférant aux amulettes toutes leur puissance.

Mut / Mout

Déesse de la région de Thèbes, elle est la fille, la mère et la compagne d'Amon ainsi que la mère de Khonsou. Déesse dangereuse, elle apparait sous l'aspect d'une lionne.

Au sein de la triade qu'elle forme avec Amon (aspect solaire) et Khonsou (aspect lunaire), elle est la déesse favorable qui ramène l'inondation.

Elle est représentée comme une femme coiffée d'une dépouille de vautour.

Ra

Dieu soleil représenté avec une tête de faucon coiffé du disque solaire.

Vénéré à l'origine à Héliopolis, son importance fût telle que son culte se propagea à travers le pays, parfois sous des formes différentes.

En tant que source de vie, il est associé à Atoum, repoussant le chaos par la lumière (Shou) et la chaleur (Tefnout) incarnant son rayonnement (et ses enfants)[4].

Râ traverse le ciel tout au long de la journée dans une barque (chaque instant de la journée lui confère un nom différents : Khépri à l'aube, Horakhty à midi, Atpum (sa forme primordiale) au crépuscule). La nuit, Râ transite par le monde inférieur/souterrain (sous la forme de Iouf) et celui-ci est gouverné par Osiris ;

---

4 *Shou et Tefnou donnèrent naissance à Geb et Nout étroitement enlacés. Sur l'ordre de Râ, Shou (le père) les sépara, créant ainsi un espace entre le ciel (Nout) et la Terre (Geb).*

A leur tour, Nout et Geb donnèrent naissance à deux paires de jumeaux : Isis (première magicienne) et Osiris (dieu fécondateur) qui s'unissent dans le ventre de leur mère, puis Seth (dieu du mal) et Nephtys (la Dame du Château). La relation incestueuse entre Nephtys et Osiris donna naissance à Anubis (divinité funéraire, gardien du Nécropole).

faisant d'eux des « ennemis » se poursuivant perpétuellement)[5]. Lorsque le dieu vieillit, Isis fabriqua un serpent à partir de la terre et de la salive de Râ. Lorsque celui-ci fût piqué, Isis lui dit qu'elle peut le guérir à condition qu'il lui révèle son nom véritable. Il accepta et perdit ainsi une partir de son pouvoir. Sa faiblesse provoqua une rébellion parmi les hommes et Râ quitta la Terre (pour la région céleste). Ce départ marque la séparation définitive entre le monde terrestre et le monde divin.

---

5   *Matin et soir, Râ se transformait en chat pour triompher du serpent Apophis, incarnation du mal, qui s'acharnait en vain à tenter d'interrompre sa course.*

PLANTES

Belladone / Herbe du diable

La belladone (*Atropa belladona*) est aussi appelée Herbe du diable ou belle-dame. Le terme de belladone (de l'italien *bella donna*, c'est-à-dire « belle dame ») vient du fait que les Italiennes, à partir du XVIème siècle., utilisèrent cette plante pour dilater la pupille de leurs yeux afin de les faire paraître plus grands et plus beaux. La belladone, haute plante herbacée, est très vénéneuse. Ses baies violacées sont responsables d'intoxications graves (agitation avec délire). De ses feuilles et de ses racines, on extrait des alcaloïdes (atropine, hyoscyamine) aux utilisations thérapeutiques variées.

Lys

Le lys est une plante à fleur blanche, importé en Grèce depuis l'Asie. Le lys est un symbole de fécondité en raison de la facilité avec laquelle cette plante croit. Sa couleur blanche en fait aussi un symbole de pureté.

Le lys est associé à plusieurs divinités gréco-romaines : Héra (protectrice du mariage et donc de la fécondité sui doit y être associé), Silvain (dieu des bois et des vergers), Pudicité (protectrices des jeunes vierges et des épouses).

Le lys est aussi une plante symbole de vie. Prit en décoction avec du vin il permet de se soigner des morsures de serpent et des champignons vénéneux. Porté en amulette, il préserve des poisons.

Le lys est une fleur caractérisé par la brièveté de son existence : il se flétrit à l'instant même où il fleurit. Le lys symbolise la mort et plus particulièrement, celle qui arrive prématurément.

- **Langage des fleurs**

Dans le langage de fleurs (couramment utilisé au XIXème siècle), le lys désigne la beauté, la douceur et l'élégance.

Mandragore

La mandragore est une plante fabuleuse dont son pouvoir réside dans ses racines. Connue depuis l'antiquité, elle avait des vertus aphrodisiaques pour les égyptiens. Elle inspirait une crainte révérencieuse aux grecs qui l'attribuaient à Circé la magicienne. Broyer et prise en décoction avec de l'huile et du vin, elle soigne des inflammations et des douleurs aux yeux.

Poison, elle n'est bénéfique que savamment dosée. Symbole de fécondité, elle procure la richesse et soigne la stérilité.

On dit que la mandragore né du sperme des pendus. Il est conseillé de la cueillir la nuit. On dit que ses racines sont à demi-humaine et qu'elle obtient son âme lorsqu'elle est sortie de terre suivant le rite consacré. Celui qui ne respecte pas le rituel était poursuivi par la malédiction de la mandragore en entendant ses cris déchirants.

Animaux

Loup

Le loup est associé aux guerriers et à la guerre dans la plus part des mythologies antiques (celte, grec).
Dans la Rome Antique, le loup est associé à Mars, il confère courage et puissance. La louve est un symbole de fécondité et de tendresse.
Sa symbolique est très proche de celle du chien dans la mythologie celtique. Il symbolise alors la chasse et la traque. Dans la mythologie arthurienne, Merlin est accompagné d'un loup gris. Ce loup représente le double de Merlin qui voyage dans l'Autre-Monde.
Plus récemment, le loup symbolise la sauvagerie. Il est l'incarnation du mal et de Satan. La louve représente la débauche et le désir.

Scorpion

Le scorpion est un animal symbolisant la mort et la trahison. Mais c'est aussi le gardien, celui qui guéri.
Pour les mésopotamiens, il symbolise la fertilité.
Pour les égyptiens, il est le symbole de la déesse Selket, la déesse guérisseuse.
En Grèce, le scorpion est l'instrument de la vengeance d'Artémis contre Orion.
Pour les Mayas, le scorpion est le dieu de la chasse.
Dans la tradition judéo-chrétienne, le scorpion est une créature

du démon et représente la haine et la trahison. Cette image persiste jusqu'au Moyen-Âge. Cependant, il est assez tôt reconnu que le venin de scorpion, transformé en huile est un puissant remède contre sa piqûre.

Signe du zodiaque, il occupe le milieu de l'automne, lorsque le vent arrache les feuilles et que les animaux se préparent à une nouvelle existence. Cette partie du ciel est associée aux planètes Mars et Pluton, ainsi qu'à leur dieux respectifs (dieu de la guerre belliqueux, comme le scorpion et dieu des enfers et des mondes souterrains[6]).

SERPENT

La symbolique du serpent est extrêmement riche et variée.

Dans la mythologie gréco-romaine, le serpent est un animal de sagesse et de connaissance. Le caducée d'Hermès est composé de deux serpents s'enroulant autour d'un bâton. Le serpent symbolise la fertilité, la résurrection et de guérison. Il est le gardien des terres sacrées. Associé à Héra, le serpent devient une puissance du mal.

En Egypte antique, la femme qui cherche a assassiné son mari est désignée comme une vipère.

Dans la mythologie judéo-chrétienne, le serpent est une incarnation du mal, le tentateur qui convint Ève de goûter au fruit de la connaissance. C'est par cette action qu'Adam et Ève sont chassés du jardin d'Éden.

Dans la mythologie germano-scandinave, le serpent de Midgard, fils de Loki, entoure la terre et empêche les eaux de la recouvrir.

Pour les alchimistes, le serpent qui se mord la queue (Ouroboros) symbolise l'éternité.

---

6   *Le scorpion, animal nocturne qui vie caché, pique mortellement celui qui le touche.*

SYMBOLES

Pentagramme

Un pentagramme (ou pentacle) est une étoile à cinq branches dont tous les points sont reliés entre eux. Il représente l'union des inégaux formant un tout. Il tire sa puissance des contraires dont il est issu.

C'est un puissant symbole pour les alchimistes, les sorciers et les francs-maçons.

Lorsqu'il est représenté avec une pointe en haut, il s'agit d'un symbole de magie blanche (*Cf. image*), lorsqu'il est représenté avec deux pointes en haut, il s'agit d'un symbole de magie noire (les pointes représentant les cornes de Satan).

Dans l'hindouisme, le pentagramme est un symbole de Vishnu. Il s'agit de cinq triangles entourant un pentagone.

Totem

Le totem est un animal ou végétal considéré comme l'ancêtre et/ou le protecteur d'une collectivité ou d'un individu. Il peut s'agir aussi de la représentation de cet animal.

AUTRE

Kali

- **Mythologie hindoue**

La Déesse Noire. Dans l'hindouisme, Kali est la Devi, la manifestation terrible du pouvoir destructeur du temps, mais aussi la force vitale de la terre.

Comme grande déesse de la fécondité, elle est en même temps une déesse de la mort. Elle est appelée Kali lorsqu'elle a deux bras et Bhadrakali lorsqu'elle est représentée avec plusieurs paires de bras.

Vaudou

Le vaudou est une « religion » résultant de l'importation d'esclave en provenance d'Afrique aux Antilles. Il s'agit des rites magiques africains mélangés à la religion dominante de l'époque. La magie vaudou peut être utilisée à bon ou mauvais escient, comme toute magie.

Créatures fantastiques

Dragon • Fantôme • Fée • Goule •
Griffon • Lilliputien • Loup-garou •
Sirène • Sorcière • Vampire

Dragon

Le dragon est une créature légendaire présente dans de nombreuses régions du monde. Il est représenté comme un grand serpent ailé et a la particularité de cracher du feu.

En Europe, le dragon est présent dans la légende arthurienne mais aussi dans l'histoire des Saints où il représente le diable à combattre et vaincre. Le dragon est très présent dans la tradition galloise dont le dragon rouge est l'emblème.

Le dragon est présent dans de nombreuses légendes françaises. Le dragon de Niort ravageait la région lorsqu'un soldat parvient à le tuer en lui enfonçant son poignard dans la gorge mais fut tué par la morsure du monstre. Pour Chateaubriand, les insectes que l'on peut observer au microscope sont des dragons qui ont diminué de taille à mesure que les ressources diminuaient en énergie. A Cracovie (Pologne), un dragon vivait dans une grotte sous le château qui surplombait la Vistule. Chaque jour, il sortait et ravageait la campagne afin de dévorer les hommes. Le prince eut l'idée de fourrer un agneau avec du soufre et de l'offrir en sacrifie au dragon. Le dragon sortie de sa grotte et dévora l'agneau. Mais le soufre, se mélangeant avec le feu de sa gorge, donna tellement soif au dragon qu'il but toute la rivière sans jamais apaiser sa soif. Il but tellement qu'il explosa. (on raconte parfois que le roi offrit sa fille en mariage à celui qui parviendrait à tuer le dragon et qu'un jeune cordonnier mis en place ce stratagème et qu'il épousa la princesse).

En Orient, il faut manger le cœur ou le foie d'un dragon pour devenir sorcier ou devin.

Le dragon est une créature divine pour les Chinois. Le dragon est le gardien de tous les biens de la terre et vit au sommet de la montagne. Il dispense à son gré la pluie et le tonnerre. Les Chinois regardent le dragon comme le principe de leur bonheur. En tant qu'espèce disparue, il est fort possible que le dragon représente les dinosaures.

Fantôme

- **Mythologie**

Les fantômes font partie de ces êtres présents dans l'ensemble des mythologies. Les vivants les craignent et ont établi de nombreux rites afin qu'un défunt ne revienne pas sous la forme d'un fantôme (feux follets celtes). Les lémures peuvent aussi bien être des fantômes que des vampires.

- **Légende**

Le fantôme, revenant, esprit, apparition, phantame[7], spectre, est l'apparition d'un défunt sous une forme réelle ou translucide. Le défunt revient sous cette forme, notamment en cas de mort violente, pour se venger ou être venger. Il existe plusieurs rituels pour se débarrasser d'un fantôme, en particulier celui de lui fournir une sépulture décente ou de lui obtenir réparation. Lorsqu'un fantôme n'a pu l'obtenir, il hante les lieux et peut se transformer en mauvais esprit jusqu'à ce que quelqu'un l'aide à obtenir justice.

- **Ectoplasme**

L'ectoplasme est la substance immatérielle qui sort du corps d'un médium lorsque celui-ci entre en transe. Cette substance, de couleur grise à blanche, n'est pas visible lorsqu'il a trop de lumière. Il s'agit d'un phénomène éphémère car l'ectoplasme, qui peut prendre la forme du corps du médium, retourne au bout de quelques instants dans le corps du médium.

- **Esprit**

Un esprit est l'âme d'un mort qui ère sur Terre.

- **Phantom**

En anglais, *phantom* peut être un synonyme de *ghost* (fantôme), de *spectre* (spectre) ou *apparition* (apparition).

- **Poltergeist**

Un *poltergeist* est un esprit frappeur, originaire d'Allemagne, il est caractérisé par sa capacité à faire du bruit, il exprime sa présence en déplaçant des objets.

---

7   *Du latin phantasma : apparition.*

- ### Spectre

Un spectre est une substance sans corps qui se présente aux hommes pour leur causer des frayeurs. Le spectre est parfois associé à un fantôme.

- ### Wraith

Wraith (en anglais) désigne une apparition ou un spectre dans le folklore celtique (Royaume-Uni).

Fée

- ### Univers fantastique

A chaque fois que quelqu'un affirme ne pas croire aux fées, cela provoque la mort d'une fée dans le monde (Peter Pan). La fée est présente dans l'univers fantastique, souvent sous sa forme bénéfique (elle portera le nom de sorcière sous sa forme maléfique).

- ### Mythologie

Cf. page 33

Goule

La goule est une sorte de vampire (femelle) qui séduit les hommes. On la trouve souvent hantant les cimetières. La goule se nourrit aussi bien d'homme vivant que mort. Certaines possèdent la capacité de se transformer en jolie jeune fille pour attirer les hommes et en faire leur repas.

Griffon

Le griffon est une créature fantastique ayant le postérieur d'un lion et l'antérieur d'un aigle. Le griffon allie la puissance terrestre du lion avec l'énergie céleste de l'aigle. Il a les oreilles droites, quatre pieds et une large queue. Il est issu de l'union d'un aigle (père) et d'une louve (mère).

Le griffon est tout comme le dragon un gardien de trésor mais sa réputation est nettement positive. C'est un animal noble, courageux, valeureux avec un sens aigu de la justice.

Symbole de Némésis (Déesse de la juste vengeance chez les Grecs), il est adopté comme emblème de nombreuses familles nobles au Moyen-Âge.

Lilliputien

Les lilliputiens sont des créatures imaginaires, issus du roman de Jonathan Swift *Les voyage de Gilliver* (1721).

Ce sont les habitants de l'île de Lilliput. Personnage extrêmement petits, plus que des nains. Ils parviennent à capturer Gulliver par la ruse.

- **BONUS : LES NAINS**

Le nain, en tant que créature fantastique est présent chez les scandinaves ainsi que chez les grecs.

Pour les scandinaves, les nains sont les fils du géant Ime, dont Odin et ses frères utilisèrent les parties de son corps pour créer le monde et toute chose. Ils demeurent entre la terre et les rochers, c'est pourquoi on les figure souvent dans des mines ou dans la montagne.

Pour les grecs, les nains sont appelés pygmées et sont les ennemis des grues. Chaque hiver, les pygmées se regroupent dans les champs et livrent bataille aux grues pour les empêcher de rejoindre leur pays.

Loup-garou

Le loup-garou est un homme (ou une femme) ayant la capacité de se transformer en loup. Il s'agit d'une transformation volontaire si l'homme a fait un pacte avec le diable.

Mais le loup-garou peut aussi être un homme qui voit sa nature modifiée suite à la morsure d'un autre loup-garou. Populairement, l'homme se transforme en loup les nuits de pleine lune (ainsi que la nuit précédente et le nuit suivante).

Le loup-garou est le plus souvent un être terrifiant et maléfique. Certains loups-garous le sont devenus suite à un pacte avec le diable.

Certains récits en font les ennemis naturels des vampires.

Le loup-garou est présent dans de nombreux folklores.

En France, l'histoire la plus célèbre nous vient d'Auvergne. Un soir, un seigneur vue un ami chasseur partir chasser dans la forêt. Il lui demanda de lui rapporter le butin de sa chasse et le chasseur accepta. Lorsqu'il entra dans la forêt, il se fit attaqué par un loup. Le loup faillit le dévorer mais le chasseur parvint à lui couper la patte avant droite et le loup prit la fuite. Le chasseur ramassa la patte, la mis dans sa besace et retourna chez son ami. Il raconta son aventure au seigneur et lorsqu'il sortit la patte de son sac, celle-ci s'était transformée en main et avant-bras de femme portant un anneau d'or. Le seigneur reconnu l'anneau comme celui de sa femme et alla la trouver. Elle était devant la cheminée et son bras était caché dans son tablier. Lorsqu'il lui présenta le bras, la femme avoua qu'elle était loup-garou. Le seigneur la livra à la justice et elle fut brûlée pour sorcellerie.

- **Mythologie gréco-romaine**

Le premier loup-garou fut Lycaon. Prince d'Arcadie, il avait pour habitude de sacrifier les étrangers qui traversaient son état à Jupiter Lycaeus. Un soir, Jupiter se présenta anonymement chez Lycaon qui l'invita à sa table et lui offrit l'hospitalité pour la nuit. Lycaon voulait sacrifier Jupiter mais il s'assura au paravent que ce n'était pas un dieu. Pour se faire, il fit servir à son invité un ragoût de viande humaine. Un feu vengeur s'alluma sur ordre de Jupiter qui ravagea la maison et transforma Lycaon en loup. Il pourrait reprendre forme humaine au bout de dix ans à condition de s'abstenir de viande humaine.

Sirène

- ### Créature fantastique
La sirène est le plus souvent représentée sous sa forme féminine, mi-femme, mi-poisson, vivant dans la mer. Les marins la redoutent tandis qu'elle fascine les gens des terres.
Elle peut être bienfaisante et personnage principale de l'action (par exemple La Petite Sirène) ou bien un malfaisante (comme les sirènes rencontrées par Ulysse lors de son voyage). Il n'est pas rare d'une sirène tombe amoureuse d'un homme et l'emmène vivre dans son palais sous la mer.
- ### Mythologie des sirènes
Cf. page 34

Sorcière

- ### Créature fantastique
Les sorcières sont des femmes pratiquant la magie, fabriquant des potions dans des chaudrons, lançant des sorts (parfois à l'aide d'une baquette magique). Il arrive parfois qu'elles se déplacent sur des balais volants et peuvent aussi métamorphoser les êtres ou bien elles-mêmes. Elles sont souvent craintes mais toujours respectées. Elles peuvent aussi bien être bénéfique (pratiquant la magie blanche) que maléfique (pratiquant la magie noire). Il arrive fréquemment qu'une sorcière pratiquant la magie blanche bascule du côté du mal suite à un évènement tragique. La sor-

cière est régulièrement rencontrée dans l'univers fantastique, soit en tant que héros, soit en tant qu'aide ou d'ennemie.

- **MYTHOLOGIE DES SORCIÈRES**

Cf. page 35

VAMPIRE

- **CRÉATURE FANTASTIQUE**

La forme traditionnelle du vampire est celle popularisée par Bram Stoker, à travers son roman *Dracula*. Le comte Dracula était un personnage sanguinaire de son vivant qui devient vampire à sa mort. Le vampire est souvent séduisant, exerçant un attrait particulier lié aux dangers de la nuit. Avant de pouvoir entrer dans un lieu d'habitation, le vampire doit y être invité par l'un des occupants de celle-ci.

Le vampire est régulièrement rencontré dans l'univers fantastique, le plus souvent sous sa forme judéo-chrétienne, soit en tant que héros, soit en tant qu'ennemi.

- **MYTHOLOGIE DES VAMPIRES**

Cf. page 36

Personnages fictifs et historiques

Annie Chapman • Dorian Gray •
Dr Jekyll • Dr Frankenstein • Dracula •
Jack l'Éventreur / Jack the Ripper •
Mr. Hyde • Prof. Van Helsing

Annie Chapman

Annie Chapman est l'une des victimes de Jack l'Éventreur. Prostituée de profession, son corps fut retrouvé le 8 septembre 1888.

Dorian Gray

Dorian Gray est le personnage principale du roman d'Oscar Wilde *Le Portrait de Dorian Gray* (1891).
Les marques de la vieillesse ne frappent pas le beau Dorian Gray, mais seulement son portrait, jusqu'au jour où l'éternel jeune homme lacère le tableau et meurt du même coup.

Dr Jekyll

Le Dr Jekyll est le personnage principale du roman de Rober-Louis Stevenson *Dr Jekyll et Mr Hyde* (1886).
Le docteur Jekyll, respectable homme de science qui cherche à percer les secrets de l'Homme, fabrique une drogue qui doit lui permettre de concrétiser ses pulsions les plus secrètes sous une enveloppe charnelle différente. Il devient un M. Edward Hyde à l'aspect effroyable. Mais, petit à petit, Jekyll se transforme en Hyde sans le vouloir, jusqu'à ce que ce dernier le supplante définitivement.

Dr Frankenstein

Frankenstein est le personnage principale du roman de Mary Shelley *Frankenstein ou le Prométhée moderne* (1818).
Un savant, le Dr Frankenstein, reconstruit un être humain à partir de débris de différents corps, mais il lui manque l'« étincelle divine », et le monstre se venge de cette infirmité.

Dracula

- **Historie**

Le Comte Dracula est le surnom donné à l'Vlad l'empaleur. Prince de Valachie au XVème siècle, il est le fils de Vlad Dracul (par allusion à drac, diable en roumain). Il fut un tyran et un guerrier cruel mais nullement un vampire. Cette dernière qualité lui a été attribuée dans les récits germaniques, russes et roumains inspirés de la mythologie roumaine du vampirisme.

- **Fantastique**

Le comte Dracula a inspiré de nombreuses œuvres littéraires et cinématographiques, dont le roman éponyme de Bram Stoker. Dans cette œuvre littéraire de 1897, Vlad III, comte Dracul, descendant de Gengis Khan (fondateur de l'empire mongol), est un vampire qui porte la contagion de la malemort, doublée de sadisme, dans une Transylvanie de cauchemar,

Jack l'Éventreur

Jack l'Éventreur (*Jack the Ripper* pour les anglais) est le pseudonyme du tristement célèbre meurtrier de Londres en 1888. On dénombre au moins cinq victimes, toutes prostituées et ayant eu lieu à proximité du quartier de Whitechapel. Une douzaine de meurtre, entre 1888 et 1892 lui furent attribués mais seulement cinq sont certifiés : Mary Ann Nichols (retrouvée le 31 août 1888), Annie Chapman (retrouvée le 8 septembre 1888), Elizabeth Stride (retrouvée le 30 septembre 1888), Catherine Eddowes (retrouvée le 30 septembre 1888), et Mary Jane Kelly (retrouvée le 9 novembre 1888). Toutes ont été tuées alors qu'elles recherchaient des clients dans la rue.

Toutes ont été retrouvées éventrées et éviscérées. Manifestement, l'auteur de ces crimes atroces avait des connaissances en anatomie.

La police reçut plusieurs lettres décrivant les meutres et en annonçant de futur et signées *Jack the Ripper*. Bien qu'ayant déployée de grand moyen, la police fut dans l'incapacité d'appréhender l'auteur de ces crimes.

Mr. Hyde

Mr Hyde est le double du Dr Jekyll, issu du roman de Robert-Louis Stevenson *Dr Jekyll et Mr Hyde* (1886).

Un paisible médecin (Dr Jekyll) découvre la drogue qui lui permet de se dédoubler en un monstre de laideur et de cruauté qui finit par s'imposer définitivement.

En anglais, *Hide* signifie cacher.

Prof. Van Helsing

Le Professeur Abraham Van Helsing est un personnage de fiction créé par Bram Stoker dans son célèbre *Dracula* (1897). Professeur émérite et expert en maladie obscure, il est celui qui mènera ses amis dans la chasse contre Dracula et le détruiront.

Guide des épisodes

01.01 *Night Work* – Besogne nocturne
––––––––––––––– Vampire[8] ; Démon ; Livre des morts ;
Enfer ; Jack l'Éventreur ; Dr Frankenstein

01.02 *Seance* – La séance
––––––––––– Adam ; Protéus ; Mut ; Kali ; Dorian Gray;
Amunet ; Serpent ; Amun-Ra; Diable; Fée

01.03 *Resurrection* – Résurrection
–––––––––––––––––––Résurrection ; Janus ; Adonis

01.04 *Demimonde* – Le demi-monde
–––––––––– Belladone ; St Graal ; Cupidon ; Prométhée;
Prof. Van Helsing ; Tristan et Iseult

01.05 *Closer Than Sister* – Une amitié fusionnelle
–––––––––––––––––––––––––––––Sorcière ; Goule

01.06 *What Death Can Join Together* – Ce que la mort peut unir
–––––––––––––––––––––––––––––– Lucifer ; St Jude

01.07 *Possession* – Possession
–––––––––––––––––––––––––––––––––––––Satan

01.08 *Grand Guignol* – Grand-Guignol
–––––––––––––––– Paradis ; Loup-garou ; Jésus-Christ

---

8   *Première apparition dans la série*

03.01 *The Day Tennyson Died* – Le jour où Tennyson est décédé
— — — — — — — — — **Dr Jekyll ; Noé ; Arche de Noé ; Dracula**

03.02 *Predators Far ans Near* – Prédateurs lointains

03.03 *Good ans Evil Braided Be* – Le bien et le mal entrent
— **Fantôme**

03.04 *A Blade of Grass* – Un brin d'herbe

03.05 *This World is Our Hell* – Ce monde, notre enfer

03.06 *No Beast So Fierce* – Nulle bête plus féroce
— — — — — — — — — — — — — — — — — **Imhotep ; Thanatos**

03.07 *Ebb Tide* – La mer se retire
— — — — — — — — — — — — — — **Fin des temps ; Apocalypse**

03.08 *Perpetual Night* – Nuit perpétuelle

03.09 *The Blessed Dark* – La nuit sacrée
— — — — — — — — — — — — — — — **Mr. Hyde ; Golgotha**

Table des matières

Élément	Mythologie	Page
Prométhée	Gréco-romaine	17
Proteus / Protée	Gréco-romaine	18
Ra	Autre - *Égyptienne*	44
Résurrection	Judéo-chrétienne	27
Satan	Judéo-chrétienne	24
Scorpion	Autre - *Animaux*	48
Serpent	Autre - *Animaux*	49
Sirène	Multiple	35
Sirène	Fantastique	60
Sorcière	Multiple	35
Sorcière	Fantastique	61
Spectre	Fantastique	57
St Graal	Judéo-chrétienne	27
Thanatos	Gréco-romaine	18
Totem	Autre - *Symboles*	50
Tour de Babel	Judéo-chrétienne	28
Tristan & Iseult	Autre - *Celtique*	41
Vampire	Multiple	37
Vampire	Fantastique	61
Vaudou	Autre	51
Wraith	Fantastique	57

Bibliographie

- *Encyclopédie du fantastique et de l'étrange l'intégrale, B. Bottet, éd. Casterman, 2008*
- *La Mésopotamie,Ascalone E.,éd. Hazan,2006.*
- *Dictionnaire Infernal, J.A.S. Collin de Plancy, éd. Plon, 1863*
- *Dictionnaire Encyclopédique – Édition 2000 ,Collectif,éd. Hachette,1999.*
- *Le petit Larousse des Mythologies du Monde,Collectif,éd. Larousse,2011.*
- *Encyclopédie de la Mythologie,Collectif,éd. le livre séquoia,1962*
- *Petit Larousse des Symboles,Collectif,éd. Larousse,2006.*
- *L'Atlas des civilisations anciennes,Collectif,éd. Atlas,2003.*
- *Mythes et Dieux de l'Inde,Daniélou A.,éd. Flammarion,1992.*
- *Dictionnaire de la Mythologie,Grand M. & Hazl J.,éd. Texto,2010.*
- *A Dictionnary of Celtic Mythology, J. MacKillop, éd. Oxford !reference, 1998*
- *Dictionaire des Yokai, S. Mizuki, édi. Pika, 2015*
- *Dictionnaire de Mythologie Celtique,Persigout J.-P.,éd. Imago,2009.*
- *Dictionnaire des Mythologies,Philibert M.,éd. Maxi-poche Références,1998.*
- *Dictionnaire des Religions ,Thibaud R.-J.,éd. Maxi-poche Références,2000.*
- *Dictionnaire de Mythologie et de Symbolique Celte,Thibaud R.-J.,éd. Devry Poche,1995.*
- *Dictionnaire des noms de divinités, Mathieu-Colas M., 2013.*
- *Who Is Who In The Non-Classical Mythology, Skyes E., éd; Routledge , 2010*

© Editions C.M. Dutkiewicz 27370 St-Didier-des-Bois
Dépôt légal : Mars 2019